Este libro le pertenece a:

....

Copyright © BPA Publishing Ltd 2020

Autora: Pip Reid

Ilustrador: Thomas Barnett

Director creativo: Curtis Reid

www.biblepathwayadventures.com

Gracias por apoyar a Bible Pathway Adventures®. Nuestra serie de aventuras ayuda a los padres a enseñarles a sus hijos sobre la Biblia de una forma divertida y creativa. Diseñada para toda la familia, la misión de Bible Pathway Adventures es reintroducir el discipulado en los hogares de todo el mundo. ¡La búsqueda de la verdad es más divertida que la tradición!

Los derechos morales de la autora y el ilustrador han sido declarados. Este libro está protegido por copyright.

ISBN: 978-1-989961-15-5

Arrojado a los leones

Las aventuras de Daniel

"El Dios mío envió a su ángel, el cual cerró la boca de los leones para que no me hiciesen mal, porque delante de Él fui hallado inocente..." (Daniel, 6:22)

El joven Daniel y sus amigos miraban sobre las murallas de Jerusalén al feroz ejército babilónico que estaba abajo. El profeta Jeremías les había advertido a los hebreos que, si continuaban adorando a dioses falsos, los enemigos atacarían la ciudad. Ahora, finalmente, el rey de Babilonia y sus soldados estaban allí.

El rey Nabucodonosor y su ejército habían llegado y acampado fuera de Jerusalén. No se permitía entrar o salir a nadie. A los hebreos se les había agotado la comida y sus estómagos gruñían. Estaban tan hambrientos que abrieron las puertas de la ciudad y dejaron que sus enemigos entraran.

Los soldados destruyeron las murallas de la ciudad e incendiaron el palacio. Destruyeron las casas y robaron las preciadas copas de oro y plata del Templo. Además, hicieron prisioneros a muchos hebreos, incluidos Daniel y sus amigos, y se los llevaron de vuelta a la poderosa ciudad de Babilonia.

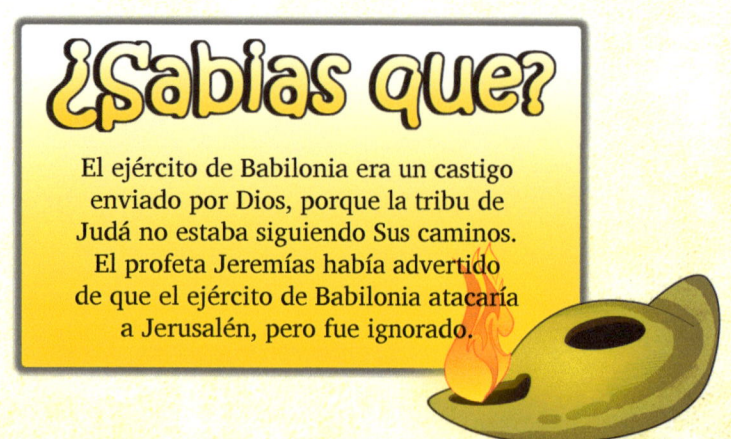

¿Sabías que?

El ejército de Babilonia era un castigo enviado por Dios, porque la tribu de Judá no estaba siguiendo Sus caminos. El profeta Jeremías había advertido de que el ejército de Babilonia atacaría a Jerusalén, pero fue ignorado.

Para Daniel y sus amigos, la vida era muy distinta en Babilonia. Los babilonios comían platos extraños y adoraban a dioses falsos. Pero Daniel y sus amigos se mantuvieron fieles a los mandatos de Dios. "No alabaré a estos dioses", dijo Daniel. "Son inútiles. Están hechos de madera y piedra". Los amigos de Daniel se mostraron de acuerdo: "Oraremos solo a Yah, el verdadero Dios de Abraham, Isaac y Jacob".

Al rey Nabucodonosor le caían bien los muchachos de Jerusalén, aunque no adoraran a sus dioses. "Daniel y sus amigos son más inteligentes que nuestros jóvenes", dijo el rey a sus oficiales. "Enseñadles cosas sobre Babilonia para que puedan trabajar para mí".

Durante tres años, los muchachos aprendieron cosas sobre Babilonia. Dios los protegía y les daba mucha sabiduría. Muy pronto llegaron a saber más que nadie. Cuando Daniel y sus amigos terminaron sus estudios, se quedaron en Babilonia y trabajaron para el rey.

¿Sabías que?

Daniel era un adolescente cuando fue hecho prisionero y llevado a Babilonia. Babilonia estaba a 900 millas de distancia de Jerusalén.

A medida que Daniel crecía, Dios le otorgó un don especial de interpretar sueños y resolver misterios. Pero los magos, que eran los hechiceros, astrólogos y sabios de Babilonia, sentían celos del talento de Daniel. "Es nuestro trabajo comprender y descifrar los sueños y los misterios. ¿Cómo puede este hebreo saber más que nosotros?", dijeron.

Una noche, el rey Nabucodonosor tuvo un sueño aterrador sobre una estatua gigante. Su corazón se llenó de temor y mandó a llamar a los magos: "Explicadme el significado de este sueño, o de lo contrario os mataré a todos". Los magos se echaron a temblar. Por mucho que rogaron a sus dioses falsos, no podían explicar el significado del sueño del rey.

El rey Nabucodonosor sabía que los magos no tenían respuesta para su sueño. Se cansó de escuchar sus mentiras. "Los magos no saben nada", dijo a sus guardias. "¡Acabad con ellos!". Daniel, quien había sido sentenciado a muerte junto con los demás magos, solicitó urgentemente una audiencia ante el rey. "Su Majestad, por favor, dadnos más tiempo. Mi Dios puede decirme el significado de tu sueño".

Esa noche, Daniel le pidió a Dios que le explicara el sueño del rey. Y Dios lo hizo. Cuando el rey Nabucodonosor conoció el significado de su sueño, supo que Daniel le estaba diciendo la verdad. Le obsequió con presentes y lo nombró jefe de los magos de Babilonia.

Muchos años después, un nuevo rey llamado Belsasar comenzó a gobernar en Babilonia. No sabía nada de Daniel ni de su don especial para entender los sueños y resolver misterios.

Mientras tanto, en una tierra muy lejana llamada Persia vivía un rey llamado Ciro. Había oído hablar de la magnífica ciudad de Babilonia y deseaba conquistarla para su reino. Reunió a todos sus soldados, caballos y carrozas, y se puso en marcha hacia la ciudad para atacarla.

Muy pronto, los soldados persas llegaron a las puertas de la ciudad. Contemplando las enormes murallas de Babilonia, los soldados dijeron: "¿Cómo podemos atacar esta ciudad? Tiene murallas tan gruesas como casas. ¡Parece una fortaleza!".

El rey Ciro pensó brevemente y se le ocurrió un plan ingenioso. "No necesitamos derribar las protecciones de la ciudad. Hay un río que fluye a través de Babilonia", dijo, señalando un gran montón de rocas cerca del rio. "Usad esas rocas para bloquear el río y reducir su caudal. Cuando el agua baje lo suficiente, nos arrastraremos a lo largo del lecho del rio y alcanzaremos la ciudad".

El rey Belsasar de Babilonia no tenía miedo de los enemigos que se encontraban fuera de las puertas de la ciudad. "Las murallas de la ciudad son altas y anchas, y nuestros almacenes están llenos de comida", dijo. "No existe manera alguna de que el rey de Persia pueda derribar las murallas y apoderarse de Babilonia".

El rey Belsasar organizó una fiesta en el palacio para honrar a sus dioses. Invitó a los príncipes de Babilonia a que se le unieran. A los príncipes les gustaba festejar en el palacio con el rey. Se vistieron con las túnicas más finas que tenían y se dirigieron raudos a la fiesta.

Las trompetas sonaron fuertemente y los tambores retumbaron. Los príncipes cantaron y bailaron, y la fiesta duró toda la noche. Entonces, el rey Belsasar se acordó de las copas de oro y plata que su abuelo, el rey Nabucodonosor, había robado del Templo de Jerusalén mucho tiempo atrás. Su corazón se llenó de orgullo y llamó a sus sirvientes: "Traed las copas del templo para beber en ellas".

Cuando le llevaron las copas, el rey Belsasar se puso de pie ante los príncipes y llenó las copas con vino hasta que rebosaron. Los asistentes le aclamaron y aplaudieron, y alabaron a los dioses babilónicos por su buena fortuna.

Pero Dios no estaba contento con el mal comportamiento del rey Belsasar. No quería que las copas de oro y plata de Su Templo fueran usadas para burlarse de Él. Mientras la gente comía y cantaba, los dedos de una mano humana aparecieron de la nada y escribieron cuatro extrañas palabras en la pared junto a la que se encontraba el rey.

El rey dejó de beber, los príncipes dejaron de cantar y los músicos dejaron de tocar sus instrumentos.

Tomando la lámpara de la mesa, el rey Belsasar caminó con grandes zancadas hacia la pared y contempló la misteriosa inscripción. La cara se le puso pálida y sus rodillas empezaron a temblar de miedo. "¿Qué dice la escritura?", les gritó a sus oficiales. "Traed a los magos para me digan qué significan estas palabras".

¿Sabías que?

Muchas personas creen que hay formas diferentes de pronunciar el nombre de Dios. Estas incluyen, por ejemplo, Yah, Yahweh y Yahuah.

Los magos corrieron a palacio para ver las extrañas palabras con sus propios ojos. El rey les dijo: "Si sois capaces de leer estas escrituras y decirme qué significan, os colmaré de regalos". Los magos se apiñaron frente a la pared y trataron de descifrar lo allí escrito. Pero ninguno de ellos pudo hacerlo.

El rey Belsasar palidecía cada vez más. "¿Por qué ustedes, sirvientes inútiles, no pueden decirme el significado de esas palabras?", gritó. Al escuchar el alboroto provocado por el rey, la reina se acercó para ver qué sucedía.

"No tengas miedo", le dijo a su esposo. "En nuestro reino hay un mago hebreo llamado Daniel que puede explicar sueños y resolver misterios. Su dios le proporciona una gran sabiduría. Él te dirá lo que significan esas palabras".

Rápidamente, el rey Belsasar hizo llamar a Daniel a palacio. "Dime lo que significa eso que está escrito y te colmaré de regalos y te convertiré en gobernante en mi reino".

Daniel se inclinó ante el rey. "Su Majestad, no quiero tus regalos. Pero te diré lo que significan las palabras". Examinó cuidadosamente la escritura de la pared. "Dice: 'Mene, Mene, Tekel, Uparsin', que significa que Dios no está complacido por cómo vives tu vida. Él está a punto de darle tu reino al rey de Persia, y ha decidido que pronto morirás".

Esa misma noche, los soldados persas recorrieron el cauce seco del rio, se arrastraron bajo las murallas e invadieron la ciudad de Babilonia. Oyendo que los persas irrumpían en el palacio, el rey corrió a esconderse debajo de una mesa. Pero los invasores lo apresaron y lo mataron, tal como había advertido Dios.

¿Sabías que?

El mensaje en la pared fue escrito en un idioma llamado arameo.

El ejército persa tomó Babilonia y un nuevo rey llamado Darío gobernó el país. Babilonia era grande y poderosa, así que el rey eligió a muchos magos para que le ayudaran a gobernar al pueblo.

El rey Darío escuchó que Daniel era el más sabio de los magos. Le dijo a Daniel: "Te haré el hombre más poderoso de Babilonia, después de mí. Puedes ayudarme a gobernar a los magos y a la gente". Pero los magos estaban celosos de la amistad especial que Daniel tenía con el rey. "¿Por qué el rey ha convertido a Daniel en nuestro jefe?", se quejaban. "Él es hebreo y adora a un dios extraño".

Por más que lo intentaban, los magos no lograban descubrir nada malo de Daniel. Era honesto y sabio, y trabajaba más duro que todos ellos. "Tenemos que hacer algo para meter a Daniel en problemas", susurraron entre ellos.

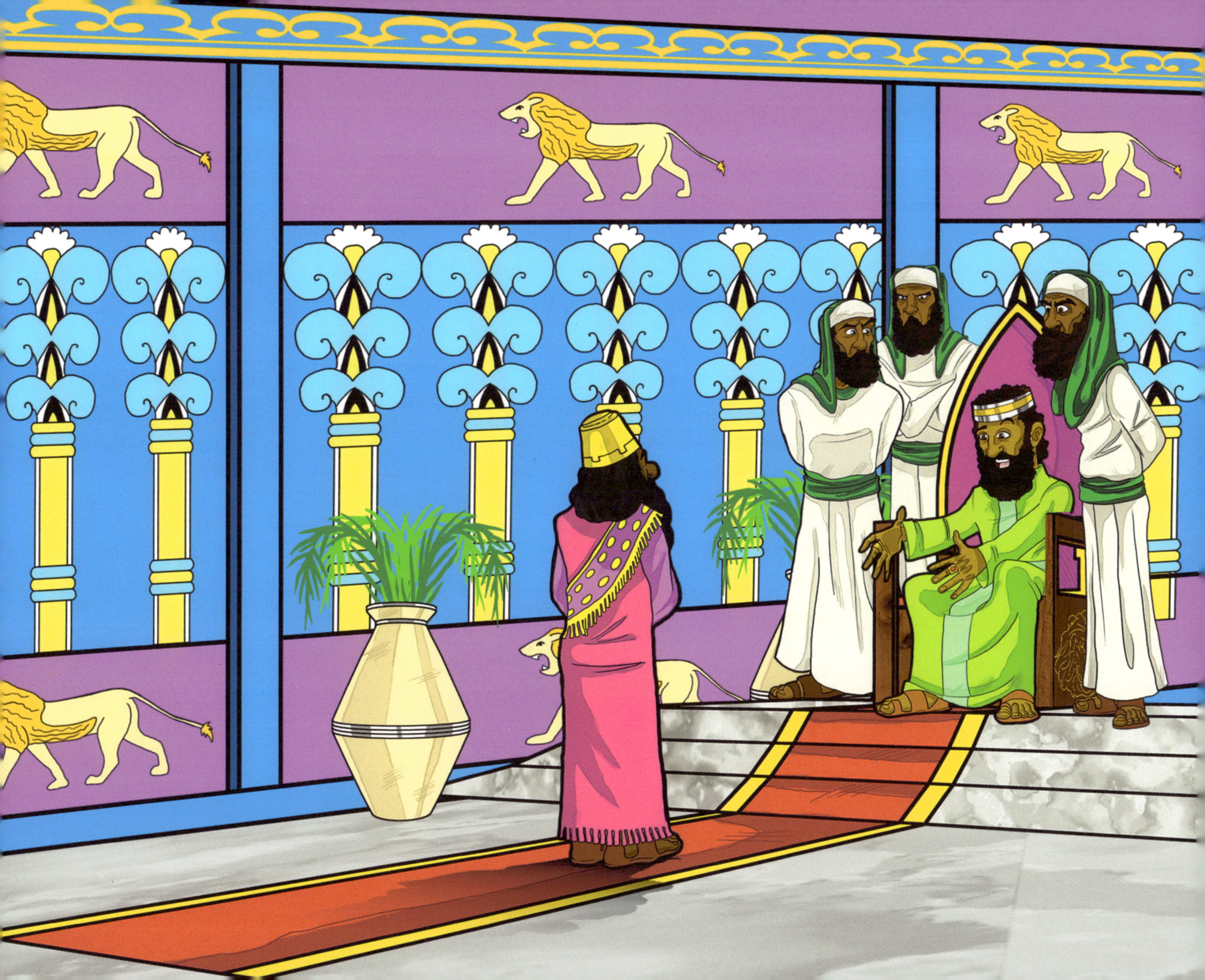

Aunque Daniel era el jefe de los magos, no adoraba a sus dioses falsos hechos de madera y piedra. Él amaba al Dios de Abraham, Isaac y Jacob. Todos los días, abría las ventanas de su casa y rezaba a Dios. Un día, cuando los magos vieron a Daniel orando, tuvieron una idea malévola. "La única manera de perjudicar a Daniel es conseguir que el rey apruebe una ley en contra de su dios", dijeron.

"Con suerte, Daniel desobedecerá la ley", añadió otro de los magos. "Entonces el rey Darío tendrá que arrojarlo a los leones". Los magos acudieron raudos a palacio y hablaron con el rey. "Su Majestad, creemos que deberías instaurar una ley que diga que todos deberían adorarte a ti como dios durante los próximos treinta días. Quien adore a otro dios, será arrojado a los leones".

El rey Darío se hinchó de orgullo. Le encantaba la idea de que la gente lo adorara como si fuera un dios. Antes que pudiera cambiar de parecer, los magos redactaron rápidamente la ley sobre una tabla de barro y se la mostraron al rey. "Su Majestad, firma aquí para que la ley no pueda ser cambiada". El rey Darío cogió la tabla, le puso el sello con su anillo real, y así la convirtió en una nueva ley del reino. El monarca no tenía idea de que los magos habían planeado esa ingeniosa trampa para perjudicar a su amigo Daniel.

Cuando Daniel escuchó la noticia sobre la nueva ley, regresó a su casa y abrió las ventanas que miraban hacia su viejo hogar en Jerusalén. *"Me gusta el rey, pero amo más a Dios"*, se dijo. Se arrodilló y oró a Dios, tal y como siempre lo había hecho.

Los magos se reunieron afuera de la casa de Daniel y le vieron orando. Entonces, frotándose las manos, corrieron de vuelta al palacio para decirle al rey lo que habían visto. "Su Majestad, ¿recuerdas que firmaste una ley por la que la gente debía, durante los próximos 30 días, adorarte solamente a ti?". El rey Darío levantó la vista. "Sí, es cierto; quien la incumpla, será arrojado a los leones".

"Daniel no te obedeció", acusaron los magos. Se miraron entre ellos con muecas maliciosas. "Ha quebrantado la ley orando a su dios". El rey se sujetó la cabeza con sus manos y gimió. "Daniel es mi mejor sirviente. No quiero que sea arrojado a los leones". Los magos se juntaron alrededor del rey. "Esta es la ley de Babilonia", le recordaron. "No puedes cambiarla. Nadie puede hacerlo".

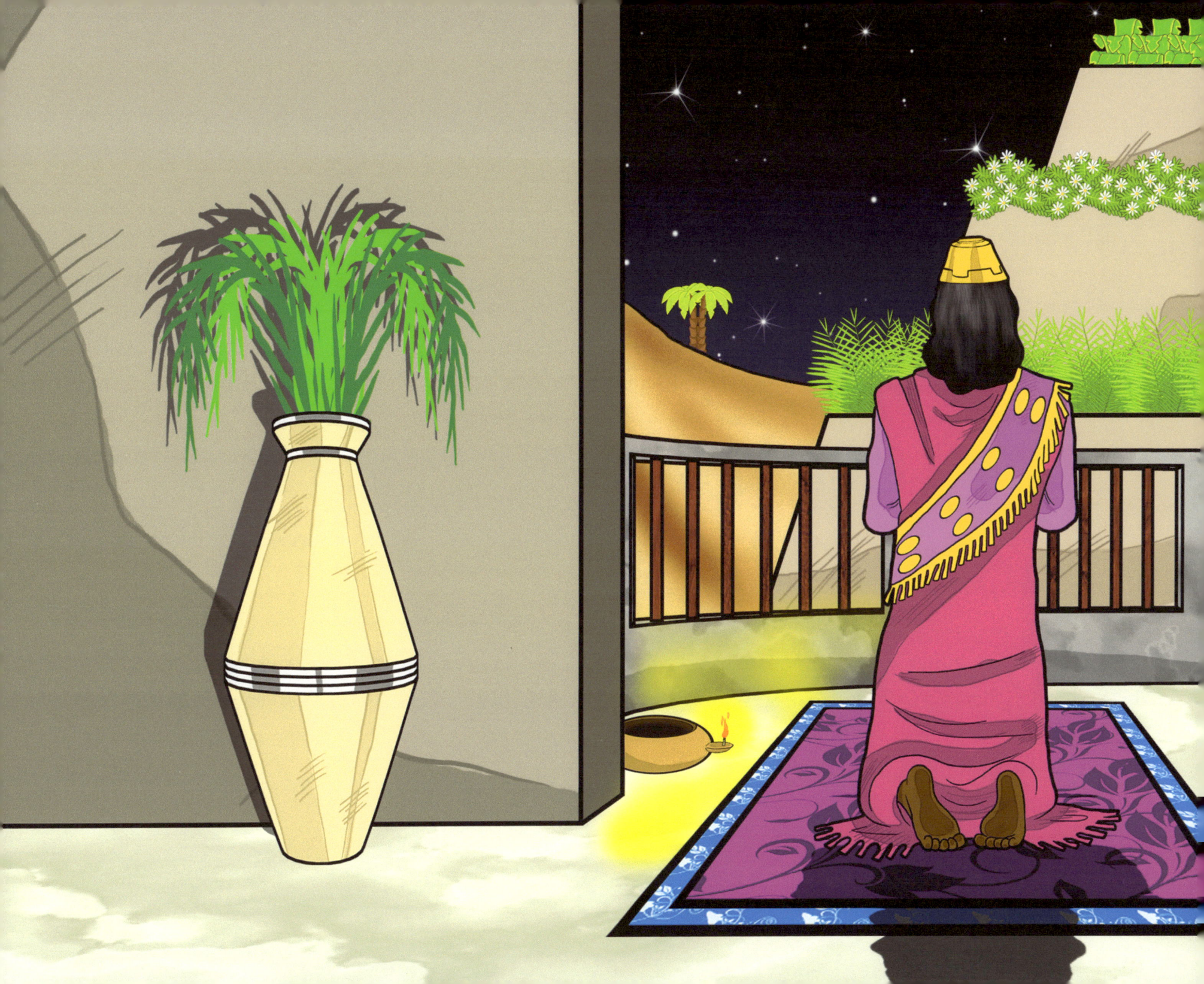

El rey estaba determinado a librar a Daniel de una muerte segura con los leones. Pensó durante todo el día, pero no pudo dar con una manera de salvar a su fiel sirviente. *"¿Por qué acepté ser adorado como un dios?"*, suspiró. Pero no había nada que pudiera hacer para salvar a Daniel. Con enorme pesar en su corazón, el rey dijo a sus guardias: "Arrojad a Daniel a la cueva de los leones".

Los guardias obedecieron rápidamente y llevaron a Daniel a la guarida de los leones, fuera del palacio. Los leones no habían comido en semanas y sus estómagos gruñían. Afilando sus garras en las paredes de piedra, miraban a Daniel y se relamían. El corazón de Daniel latía violentamente. Se puso de pie en la entrada de la guarida y contempló fijamente la oscuridad. "Confiaré en Ti, mi Dios", rezó. Los guardias abrieron la puerta, tomaron a Daniel por los brazos y las piernas y lo balancearon hacia adelante y hacia atrás: "Uno… dos… tres…". Y arrojaron a Daniel dentro de la guarida.

Pum, pum, pum.

Daniel cayó dando tumbos escaleras abajo hasta que desapareció en la oscuridad. El rey Darío se asomó a través de la entrada y llamó a Daniel: "Reza a ese Dios a quien sirves. Él puede salvarte". Para asegurarse de que Daniel no escapara, los guardias colocaron una enorme roca sobre la boca de la cueva. El rey dejó en ella la marca de su anillo real especial, para que nadie pudiera entrar o salir.

Dentro de la guarida, Daniel se puso de pie y se sacudió la tierra de su túnica. Vio a su alrededor. Era difícil saber dónde estaba. Del techo colgaban murciélagos y por las paredes corría agua.

Justo al frente de él, los leones caminaban en círculos, exhibiendo sus afilados y brillantes dientes. Estaban hambrientos y Daniel olía delicioso. Daniel miró preocupado a los leones. Eran inmensos y aterradores, y parecían tener mucha hambre.

Pero él confiaba en Dios. Poniéndose de rodillas, oró: "Dios, por favor, sálvame de estos leones si es Tu voluntad". Y esa noche, Dios contestó las oraciones de Daniel. Envió un ángel para que cerrara la boca a los leones y así no pudieran comérselo. En vez de eso, los leones se quedaron dormidos al lado de Daniel y roncaron toda la noche. "Dios, gracias por protegerme", dijo Daniel, emocionado. Sabía que su confianza en Dios había sido recompensada.

En el palacio, el rey Darío pasó la noche dando vueltas en la cama. No podía dejar de pensar en Daniel dentro de la guarida de los leones. De todo corazón, esperaba que el dios de Daniel lo salvara.

Temprano por la mañana, el rey saltó de su cama y corrió hacia la guarida para comprobar por sí mismo si Daniel aún estaba vivo. Ordenó a los guardias romper el sello real. Entonces, se asomó a través de la entrada de la guarida. "¿Daniel, estás vivo?", gritó. "¿Te protegió tu dios frente a los leones?".

Daniel miró hacia arriba y contestó: "Mi Dios envió un ángel para cerrar la boca de los leones, para que no me comieran. Él sabía que no he hecho nada malo". El rey aplaudió y bailó de alegría. "¡Estoy tan contento de que estés vivo!". Rápidamente, los guardias sacaron a Daniel de la guarida de los leones y se quedaron mirándolo con asombro. No pudieron encontrarle ni un rasguño. "El dios de Daniel lo ha salvado", dijeron.

¿Sabías que?

En 1899, arqueólogos romanos encontraron las ruinas de la antigua Babilonia. Descubrieron una muralla de 300 pies de alto y 80 pies de ancho que rodeaba la ciudad.

Todos se alegraron de que Daniel estuviera vivo. Todos, menos los malvados magos. ¡Estaban furiosos! Pataleando, decían: "Alguien debió de haber alimentado a los leones para que no tuvieran hambre. No hay forma de que el dios de Daniel lo haya protegido".

El rey Darío sabía que los magos eran malvados y los castigó por haber metido a Daniel en problemas. "Arrojad a estos hombres a los leones. Veamos si los leones tienen hambre ahora", dijo. Pero esta vez los leones no tuvieron piedad, e hicieron pedazos a los enemigos de Daniel.

El rey Darío supo en su corazón que había sido el dios de los hebreos quien había protegido a Daniel de los leones. Aprobó una nueva ley que decía que toda la gente de Babilonia debía adorar a Yah, el Dios de Abraham, Isaac y Jacob.

Además, envió cartas a todos los rincones del país que decían: "¡El Dios de los Hebreos es el único Dios verdadero y Él es el más poderoso!". El rey quería que el mundo supiera que este poderoso Dios había salvado a su fiel sirviente, Daniel. Desde aquel día, Daniel y sus amigos vivieron en paz en el reino de Babilonia. Nunca olvidarían la noche en que Dios salvó a Daniel de los leones.

FIN

¡Prueba tu conocimiento!
(Empareja la pregunta con la respuesta correcta en la parte de abajo de la página)

PREGUNTAS

¿Qué rey asedió a Jerusalén? ....

En Babilonia, ¿durante cuántos años estudió Daniel? ....

¿Qué hizo Daniel por el rey Nabucodonosor? ....

¿Qué rey persa atacó a Babilonia? ....

¿Quién hizo una fiesta en el palacio para los príncipes de Babilonia? ....

¿Qué decía la escritura en la pared? ....

¿Daniel fue nombrado jefe de qué oficiales? ....

¿Qué pasó con Daniel después de que abriera su ventana y le rezara a Dios? ....

¿Cómo Daniel fue protegido de los leones en la guarida? ....

¿Qué pasó después de que Daniel fuera sacado de la guarida de los leones? ....

RESPUESTAS

1. El rey Nabucodonosor
2. Tres años
3. Interpretó sus sueños
4. El rey Ciro
5. El rey Belsasar
6. Mene, Mene, Tekel, Uparsin
7. Los magos
8. Daniel fue arrojado a la guarida de los leones
9. Un ángel cerró las bocas de los leones
10. El rey ordenó que los magos fueran arrojados a los leones

Completa la sopa de letras

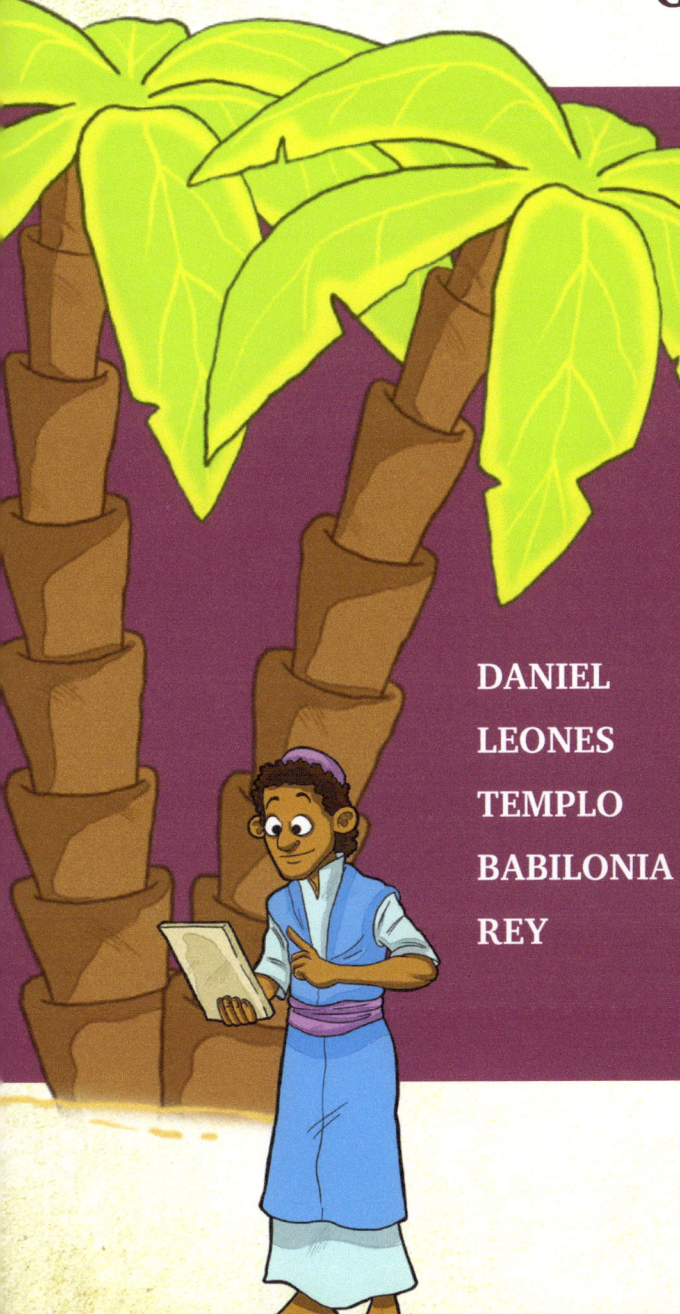

DANIEL ESTATUA
LEONES SOLDADOS
TEMPLO MAGOS
BABILONIA GUARIDA
REY ÁNGEL

```
R M A G O S Á O T G
F E W E D O N W E U
B S Z P F R G P M A
S T M A C Z E D P R
Y A Q K S H L J L I
Y T D A N I E L O D
Y U O K J H R E Y A
B A B I L O N I A G
L E O N E S M O P L
S O L D A D O S G U
```

Bible Pathway Adventures®

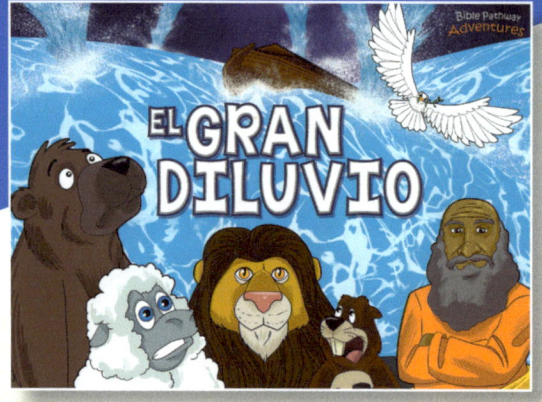
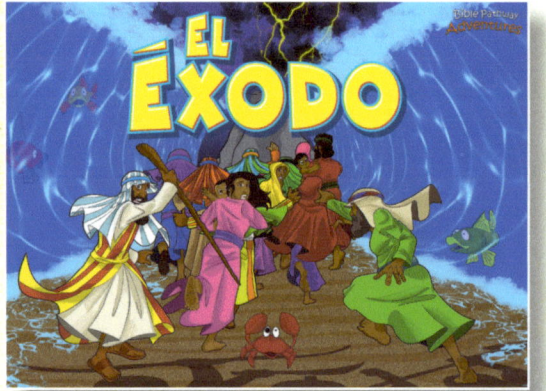

Traición al Rey

El Rey Resucitó

Vendido como Esclavo

Salvado por una Asna

La Novia Elegida

Sansón, el guerrero poderoso

El Éxodo

La bruja de Endor

Camino a Damasco

Salomón, el constructor del Templo

Enfrentándose al Gigante

Tragado por un pez

¡Naufragio!

¡Descubre más historias de la Biblia de Bible Pathway Adventures!

Consulte los libros de actividades de Bible Pathway Adventures

IR A

www.biblepathwayadventures.com

www.ingramcontent.com/pod-product-compliance
Lightning Source LLC
Chambersburg PA
CBHW040319100526
44583CB00004BB/160